BIJOU

DES

ENFANTS SAGES.

RECUEIL

DE POÉSIES ENFANTINES.

STRASBOURG,
IMPRIMERIE DE PH.-ALB. DANNBACH, RUE DU BOUCLIER, 1.
1850.

LE BON BERGER.

Bon berger, dans ton troupeau,
Que je sois comme un agneau!
Sous ta houlette facile,
Que mon âme soit docile:
Bon berger, dans ton troupeau,
Que je sois comme un agneau!

Seigneur, fais qu'à t'obéir,
Je trouve tout mon plaisir.
Que ta parole de vie,
M'éclaire, me fortifie.
Règne à jamais sur mon cœur;
Que t'aimer soit mon bonheur!

Seigneur, fais qu'à te servir,
Je trouve tout mon plaisir.
Donne-moi cet amour tendre,
Qui peut seul te bien comprendre.
Règne à jamais sur mon cœur;
Que t'aimer soit mon bonheur!

L'ENFANT SAGE.

Pour être sage, à notre Dieu
Je dois présenter ma prière,
Soir et matin faisant le vœu
De le servir sur cette terre.

Pour être sage, à mes parents
Je dois témoigner ma tendresse,

Par tous les plus doux sentiments,
Et des égards de toute espèce.

Pour être sage, dans le cœur
Il faut que tout mal je haïsse,
Et que toujours avec horreur
Je me détourne de tout vice.

Pour être sage, à mon devoir
Il faut qu'en tout temps je m'applique,
En suivant, de tout mon pouvoir,
Le chemin que mon Dieu m'indique.

Pour être sage, constamment
Je dois repousser la paresse,
Et travailler diligemment,
Sans négligence et sans mollesse.

Pour être sage, avec respect,
Je dois aimer ceux qui m'enseignent,
Et toujours grave et circonspect,
Obéir sans qu'ils m'y contraignent.

Pour être sage, il faut surtout,
Que dans mon cœur toujours je pense
Que le Seigneur me voit partout,
Et qu'aussi j'aime sa présence.

Rends-moi donc sage, ô notre Dieu!
Que ton Esprit, par sa puissance,
Me conduise dans ce bas lieu,
Et soit ma force et ma constance.

L'ENTRÉE A L'ÉCOLE.

Pour entrer en classe,
Mettons-nous en rang;
Et que l'on se place,
Chacun sur son banc.

Il faut qu'on apprenne,
Lorsqu'on est enfant;
Le travail amène
Le contentement.

La leçon commence
Dans quelques instants,
Qu'un profond silence
Succède à nos chants.

Quand on sait bien lire,
C'est très-amusant;
Quand on sait écrire,
On n'est plus enfant.

PROFITONS DU TEMPS.

Enfants de l'école,
Travaillons gaîment;
Chaque instant s'envole;
Profitons du temps!

Car dans la jeunesse,
Pour bien acquérir
Instruction, sagesse,
Il faut obéir!

Et pour qu'on nous aime,
Soyons bons pour tous;
Autant que nous-mêmes,
L'un l'autre aimons-nous!

Ecoutons du maître
Les sages leçons,
Qui nous font connaître
Un Dieu juste et bon.

Chérissons nos frères;
Aimons, servons Dieu!
Au ciel, sur la terre,
Nous serons heureux.

Enfants de l'école,
Travaillons gaîment;
Chaque instant s'envole;
Profitons du temps!

QUATRAINS.

Du Seigneur, chers enfants, écoutez la parole!
Il veut vous enseigner, vous sauver, vous bénir;
Venez donc à Jésus, venez à son école,
Et vous serez toujours heureux à l'avenir.

—

Je ne suis qu'un enfant, qui ne sait se conduire,
Donne-moi donc, Seigneur, un cœur intelligent,
Pour connaître le bien, pour être diligent
A combattre le mal et son funeste empire.

—

Aime de tout ton cœur ton bienfaiteur suprême,
Le grand Dieu plein d'amour, de grâce et de bonté;
Puis, ton prochain, tu dois l'aimer comme toi-même;
C'est là ce que prescrit la loi de charité.

—

Soyons pleins de bonté les uns envers les autres;
Comme Dieu nous pardonne, ainsi pardonnons-nous.
Nos frères ont des torts, n'avons-nous pas les nôtres?
Soyons donc patients, charitables et doux.

—

Aimez vos ennemis, bien loin de vous venger,
Bénissez de bon cœur tous ceux qui vous maudissent;
Faites aussi du bien à ceux qui vous haïssent,
Et priez pour celui qui put vous outrager.

—

Enfants, ne vous moquez jamais des malheureux,
Mais plutôt plaignez-les et les traitez en frères;
Autant qu'il est en vous, soulagez leurs misères :
Surtout, n'oubliez pas de prier Dieu pour eux.

—

Honore, cher enfant, et ton père et ta mère,
Sois pour eux constamment respectueux, soumis;
Et tu verras tes jours prolongés sur la terre,
Et Dieu te bénira, lui-même l'a promis.

—

Il est maudit, l'enfant impie et malheureux,
Qui traite avec mépris ou son père, ou sa mère.
Dans la nuit il verra s'éteindre sa lumière :
Les corbeaux du torrent lui crèveront les yeux.

—

Respectez les anciens; qu'on vous voie en tout temps
Du vieillard honorable respecter la personne.
Levez-vous, mes amis, devant les cheveux blancs :
Sur la tête de l'homme ils sont une couronne.

—

Il ne faut, mes enfants, ni tromper ni mentir;
L'honnête homme toujours dit la vérité pure.
Soit pour vous excuser, soit pour vous divertir,
Ne vous permettez pas la plus faible imposture.

LE BON PROJET.

Chaque jour de ma vie,
Je veux dire au Seigneur :
Apprends-moi, je te prie,
A te donner mon cœur !

Quand le matin commence,
Je veux dire au Seigneur :
Tiens-moi dans ta présence,
O mon Dieu, mon Sauveur !

Souvent, dans la journée,
Je veux dire au Seigneur :
Toi, qui me l'as donnée,
Montre-m'en la valeur !

Et quand vient la nuit sombre,
Je veux dire au Seigneur :
Que mon âme, en son ombre,
T'ait pour son protecteur !

Oui, toujours, sur la terre,
Je veux dire au Seigneur :
Que vivre pour te plaire,
Soit, ô Dieu, mon bonheur !

CHANT DU MATIN.

Bon jour, bon jour, bon jour !
Dieu te garde en son amour !
Comme l'astre qui t'éclaire,
Constamment suit sa carrière,
Suis la tienne sans détour.
Bon jour, bon jour, bon jour !

Bon jour !
Dieu te garde en son amour !
Qu'avec nous sa paix demeure,
Et que tu sois, en toute heure,
Prêt pour l'éternel séjour.
Bon jour !

CHANT DU SOIR.

Bonne nuit, bonne nuit !
Loin de nous le jour s'enfuit;
Mais comme un flambeau céleste,
La bonté de Dieu nous reste ;
Elle nous garde et nous suit.
Bonne nuit, bonne nuit !

Au revoir, au revoir!
Nous aimons le doux espoir.
Des adieux qu'un jour limite,
Notre cœur se félicite;
Sans plainte il vous dit bons oir.
Au revoir!

CHANSON DU DINER.

Midi va sonner,
Et lorsque l'on est bien sage,
Midi va sonner,
On peut s'en aller dîner.
Le cœur est content
Quand on fait bien son ouvrage;
Le cœur est content
Lorsque l'on est bon enfant.

On ne dîne pas
Quand on n'a pas été sage;
On ne dîne pas,
On se passe de repas.
Un enfant méchant,
Qui ne veut pas être sage,
Un enfant méchant
Rend son maître mécontent.

Quatre heures vont sonner;
Si nous avons été sages,
Quatre heures vont sonner,
Nous allons nous amuser.

On ne s'en va pas
Lorsqu'on n'a pas été sage,
On ne s'en va pas
Et d'ici l'on ne sort pas.

DEVOIRS D'UN BON ENFANT.

Je dois être sage à l'école,
Toujours attentif aux leçons;
Doux, humble et vrai dans mes paroles,
Et toujours complaisant et bon.
Puis du maître et de la maîtresse
Aimer et suivre les avis;
Jamais d'humeur ni de paresse,
Point de désordre et point de cris!

Il faut que bien propres je tienne
Mes mains, ma tête et mes habits;
Que sans manquer toujours je vienne,
Et sois bien juste à l'heure ici.
Mais les leçons, les jeux finissent,
Et, de retour dans la maison,
A mes parents que j'obéisse,
N'imitant pas les polissons.

Lorsque je suis seul dans la rue,
Je dois marcher sans m'arrêter;
Lorsqu'un cheval s'offre à ma vue,
Je dois me ranger de côté.
Jamais ne me traîner à terre,
(On gâte et salit ses habits)

Ne jurer, ni lancer de pierre
Qui pourrait tomber sur autrui.

Dans la course vive et légère,
Si l'un de nous vient à tomber,
Amis, courons vers notre frère,
Aidons-le à se relever.
Que les petits avec tendresse,
Par les plus grands soient bien traités;
Du bon maître et de la maîtresse
Alors nous nous ferons aimer.

Des soins donnés à notre enfance
Gardons toujours le souvenir;
Prions avec reconnaissance
Ce Dieu qui daigne nous bénir.
Pour soutenir notre faiblesse,
Il nous donne des protecteurs;
Il demande notre tendresse,
Ah, donnons-lui tout notre cœur!

CHANSON D'ÉCOLE.

Tâchons, amis, de pratiquer
Ce qu'on veut bien nous enseigner;
Soyons attentifs et dociles,
Toujours prêts à nous rendre utiles;
Chacun nous aimera
Et le bon Dieu nous bénira.

Amis, quand nous travaillerons
Et quand nous nous amuserons,
A nos devoirs toujours fidèles,
Evitons colère et querelles;
  Le moyen d'être heureux
Est d'être bon et vertueux.

Nous ne pourrons qu'en travaillant,
Vivre et gagner beaucoup d'argent.
Se procurer du pain soi-même,
Est sans doute un bonheur extrême;
  Puis on est bien content
De pouvoir aider ses parents.

Et quand nous serons grands garçons,
Mieux qu'à présent nous sentirons
Ce que nous devons aux personnes
Si charitables et si bonnes,
  Qui se mettent en frais
Pour nous rendre de bons sujets.

Soyons toujours obéissants,
Tranquilles, doux et complaisants;
Hélas! quand on est indocile,
A quoi servirait d'être habile?
  Appliquons nos talents
A devenir tous bons enfants!

L'HEURE DU JEU.

Quand le jeu commence.

Amusons-nous! Accourons tous,
Remplis de joie;
Et qu'à nos jeux chacun de nous
Gaîment s'emploie.
Car l'heure du repos
Suit celle des travaux:
Amusons-nous! Accourons tous,
Remplis de joie.

Courons, sautons, c'est le moment
De l'allégresse:
Nous réjouir, c'est à présent
Notre sagesse.
Bien profiter il faut
Du temps qui fuit bientôt:
Courons, sautons, c'est le moment
De l'allégresse.

Oui, devant Dieu soyons joyeux,
Car il nous aime;
Et rendons-lui, même en nos jeux,
L'honneur suprême.
Sur nous est son regard:
Oh, quelle bonne part!
Oui, devant Dieu soyons joyeux,
Car il nous aime.

Quand le jeu finit.

L'heure a passé : tous retournons
A notre ouvrage;
Et de bon cœur le reprenons,
Avec courage.
Que notre bon Seigneur
Y mette sa faveur!
L'heure a passé : tous retournons
A notre ouvrage.

PRIÈRE.

Reçois, Seigneur, l'hommage
De tes petits enfants;
Ecoute du jeune âge
Les timides accents.
Notre Dieu, notre Père,
Notre plus tendre ami,
Au ciel et sur la terre
Que ton nom soit béni!

C'est toi qui nous fais vivre,
C'est toi qu'il faut aimer;
Nous voulons tous te suivre,
Et sur toi nous former.
Nous mettrons à te plaire
Nos soins, notre bonheur;
Et notre vie entière
Sera selon ton cœur.

Retrace en nous l'image
Du saint enfant Jésus ;
Et que croissant en âge,
Nous croissions en vertus.
Imitant son exemple,
Nous monterons aux cieux,
Pour dire dans ton temple
Le chant des bienheureux.

NOËL.

O magnifique jour !
Un enfant vient de naître,
Par qui Dieu fait paraître
Envers nous son amour.
Présentons notre hommage
Et nos cœurs, sans partage,
A ce petit enfant :
C'est le Dieu tout-puissant !

Cher enfant, cher Sauveur,
O majesté suprême !
Je t'adore, je t'aime,
Et je t'offre mon cœur,
Plein de reconnaissance
Pour ton amour immense.
Reçois-le, ô mon Dieu !
Et le garde en tout lieu !

LA PIÉTÉ FILIALE.

A mes parents que j'aime
Je veux être soumis;
Car le Seigneur lui-même,
Dans sa loi m'a promis,
« Qu'à mon père et ma mère
Si mon cœur rend honneur,
J'aurai sur cette terre
La vie et le bonheur. »

INVOCATION.

C'est Dieu qui fit le monde,
Il créa dans sa bonté
Les cieux, la terre et l'onde;
Et par sa volonté,
C'est lui qui chaque jour
Soutient notre existence.
Payons-le par l'amour
Et la reconnaissance.
Créateur des humains, des mondes et des cieux,
Que ton nom soit béni, qu'il le soit en tous lieux!

DIEU PRÉSENT PARTOUT.

Dieu me voit-il du haut des cieux?
Suis-je toujours devant ses yeux:
De jour, quand le soleil m'éclaire,
De nuit, quand je suis sans lumière?

Oui, Dieu me voit du haut des cieux,
A tout moment, en tous les lieux;
Quand le jour luit et chasse l'ombre,
Ou quand la nuit est la plus sombre.

Dieu m'entend-il du haut des cieux?
Ou, quand je suis silencieux,
Sait-il ce que mon esprit pense;
Mon cœur est-il en sa présence?

Oui, Dieu connaît, du haut des cieux,
Ce que je sens, ce que je veux;
Ce qu'en secret mon cœur désire,
Ce que je hais, ce qui m'attire.

Dieu juge-t-il du haut des cieux?
Rend-il chagrin, rend-il heureux,
Selon qu'on est méchant ou sage,
Qu'on est pieux, ou bien volage?

Oui, Dieu se plaît, du haut des cieux,
A rendre content et joyeux
L'enfant qui, marchant dans sa crainte,
Aime à tenir la route sainte.

Dieu, nous dit-il, du haut des cieux,
Comment un cœur religieux
Doit cheminer sur cette terre,
Pour le servir et pour lui plaire?

Oui, Dieu toujours, du haut des cieux,
Me dit de suivre, en ces bas lieux,

De mon Sauveur la moindre trace,
Et la lumière de sa face.

Eh bien! Seigneur, du haut des cieux,
Rends-moi toujours victôrieux
De tout mal, de toute souillure :
Garde mon âme et la rends pure!

L'ENFANT, A DIEU.

Mon Dieu, donne l'onde aux fontaines,
Donne la plume aux passereaux,
Et la laine aux petits agneaux,
Et l'ombre et la rosée aux plaines.

Donne au malade la santé,
Au mendiant le pain qu'il pleure,
A l'orphelin une demeure,
Au prisonnier la liberté.

Donne une famille nombreuse
Au père qui craint le Seigneur;
Donne à moi sagesse et bonheur,
Pour que ma mère soit heureuse.

Mets dans mon âme la justice,
Sur mes lèvres la vérité;
Qu'avec crainte et docilité
Ta parole en mon cœur mûrisse!

MA PATRIE.

O Dieu de ma patrie, ô source d'espérance,
Accorde à tes enfants gloire, paix et bonheur!
Qu'ils soient de l'univers et l'exemple et l'honneur!
Seigneur, entends la voix d'un enfant de la France,
Accorde à mon pays, gloire, paix et bonheur!
O ma patrie,
Mère chérie,
O sois toujours,
Toujours mes amours!

LA FLEUR ET LA VIE.

Elle n'est plus, elle est fanée,
Cette belle et charmante fleur.
Une seule et courte journée
A terni toute sa fraîcheur.

Ainsi se flétrit notre vie:
Elle s'échappe sans retour;
Comme la fleur de la prairie,
Son éclat ne dure qu'un jour.

Mais si la fleur ainsi se passe,
Si pour toujours meurt sa beauté,
Pour nous, notre Dieu, par sa grâce,
A préparé l'éternité.

Oui, je vivrai! Mon Dieu, lui-même,
M'a racheté de cette mort.
En Jésus, son amour suprême
Dans mon naufrage a mis un port.

L'ENFANT DU SOLDAT.

Je n'ai plus d'appui sur la terre,
Je suis errant, abandonné;
Mon seul espoir était mon père,
Et les combats l'ont moissonné.

Mais avec orgueil je m'écrie:
Il tomba fidèle et vaillant!
Du soldat mort pour sa patrie,
Ah! secourez le pauvre enfant.

Au malheur mon destin me livre,
Et j'implore en vain la pitié;
Quand le brave a cessé de vivre,
Serait-il si tôt oublié!

Songez, vous que ma voix supplie,
Qu'il mourut en vous défendant.
Du soldat mort pour sa patrie,
Ah! secourez le pauvre enfant.

LE PETIT MENDIANT.

C'est pour ma mère;
En travaillant elle brava
Bien longtemps l'affreuse misère;
Mais de ses yeux le ciel priva
Ma pauvre mère.

O bonne mère!
Ton enfant, quand il grandira,
Ne tendra plus la main, j'espère;

Par son travail il soutiendra
Sa bonne mère.

C'est pour ma mère
Qui chaque jour pour vous priera;
Secourez-la sur cette terre,
Dans le ciel Dieu vous le rendra.
C'est pour ma mère !

L'AUMONE.

Soulage l'indigence
Du pauvre malheureux,
Montre-toi généreux
De toute ta puissance.
Car l'Eternel,
Du haut du ciel,
Ton cœur observe.
De tout dédain
Pour ton prochain,
Qu'il te préserve !

COMMENT SE FAIT LE PAIN.

De bon matin se levant,
L'agriculteur avec peine
Laboure bien tout son champ;
Puis il y sème la graine.
Ce grain qu'il a répandu,
C'est de Dieu qu'il l'a reçu.

Le grain, comme enseveli,
S'élève bientôt en herbe;
Puis un épi bien rempli
Charge une tige superbe.
Oui, le bon Dieu seulement
Lui donne l'accroissement.

En été vient la moisson;
Les laboureurs avec joie,
Recueillent dans leur saison
Les blés que Dieu leur envoie;
Ces blés, Dieu les a bénis;
Son soleil les a jaunis.

Ces gerbes de beau froment,
On les serre dans la grange;
Puis on les bat bruyamment,
Quand on a fait la vendange;
Et l'agriculteur pieux
Bénit le maître des cieux.

Il faut nettoyer le grain,
Au moyen d'une machine;
Puis il se change au moulin
En fine et blanche farine.
Le boulanger la pétrit,
Et dans son four il la cuit.

On en voit sortir enfin
La nourriture si bonne,
Que nous appelons du pain,

Et que le bon Dieu nous donne.
Bénissons ce Dieu d'amour,
Qui nous nourrit chaque jour.

ROSINE ET LE VIEILLARD.

La jeune Rosine à l'école
S'en allait gaîment un matin.
Un vieillard que la faim désole,
Se présente sur son chemin.

« Oh ! » lui dit-il, « chère petite,
Un liard pour acheter du pain ! »
Elle ouvre sa bourse bien vite;
Mais point d'argent ! Ah, quel chagrin !

Que fait Rosine ? Bonne et sage
Rosine montre alors son cœur,
Prend son déjeûner, le partage
Avec l'homme dans la douleur.

« Tenez, vieillard, je vous soulage,
Dit-elle, autant que je le peux !
J'en voudrais avoir davantage,
Car vous êtes bien malheureux. »

Puis elle poursuivit sa route,
L'air joyeux et le cœur content;
Tout bas elle disait, sans doute :
« Comme un bienfait est doux pourtant ! »

L'ENFANT MIS SUR UNE TABLE.

Un enfant s'admirait, monté sur une table.
Je suis grand, disait-il. Quelqu'un lui répondit :
Descendez, vous serez petit.
Quel est l'enfant de cette fable ?
Le riche qui s'enorgueillit.

LE CYGNE ET L'ENFANT.

« Mon bel enfant, as-tu donc peur ?
Je ne suis pas méchant, mon cœur.
Tout doucement vers toi je nage,
Sans rider l'eau sur mon passage.
Je viens te dire que j'ai faim :
Voudrais-tu me donner quelques miettes de pain ? »

L'enfant de la main lui fait signe,
S'approche, admire le beau cygne
Au blanc plumage éblouissant,
Sur l'eau passant et repassant ;
Puis il prend son pain et l'émiette
Dans le creux de sa main qu'il lui tend pour assiette.

L'ENFANT ET LE PETIT CHIEN.

L'enf. « Ici, toutou, voyons, tout beau ! Chut ! pas d'esclandre !
A te tenir assis et droit je veux t'apprendre. »
Le ch. « Apprendre ? Quoi, déjà ? Moi qui suis si petit !
Oh ! patiente encor ; quelque peu de répit ! »

L'enf. «Non, qui commence tôt, apprend mieux : et ta tête
Plus tard serait trop dure, et tu resterais bête !»

Toutou prit sa leçon; bientôt il vint à bout
De se tenir assis, de marcher tout debout;
Sautait dans la pleine eau sans peur ni simagrées;
Rapportait promptement les choses égarées.
L'enfant, qu'il amusait de ses beaux tours, souvent
Etudiait lui-même et devint un savant.

LA MOUCHE.

Vole, vole, petite mouche,
Sur mes doigts ne te pose pas;
Car si par malheur je te touche,
Las! je le crains, tu périras.
Un plaisir cruel
Offense le ciel;
Et le maître dit
Que Dieu l'interdit.

Ce bon Dieu, si puissant, si tendre,
Créa la mouche ainsi que moi.
De sa main elle peut attendre
La nourriture sans effroi.
Oh, que les enfants
Ne soient pas méchants!
Dieu les aimera
Et les bénira.

L'ABEILLE ET LE PAPILLON.

La diligente abeille,
Dès le matin,
Sur la rose vermeille
Preud son butin;
Dans sa ruche bien close
Porte à sa sœur
Le miel qu'elle compose
Des sucs de fleur;
Puis l'hiver se repose
Avec douceur.

Le papillon volage,
Dans les beaux jours,
Sans songer à l'orage
Vole toujours;
De fleur en fleur jolie
Cherche à jouir;
Il consume sa vie
Dans le plaisir;
Puis l'automne finie,
Devra mourir.

Craignons faute pareille
Et l'évitons.
Recevons de l'abeille
Douces leçons.
Le temps de la jeunesse
Est jour d'été;

Ah! travaillons sans cesse
Avec gaîté;
Acquérons la sagesse
Et la bonté.

LA FAUVETTE DE ROSINE.

Rosine attrape une fauvette
Et la met en cage aussitôt;
Bientôt
La pauvrette
Qui regrette
L'air embaumé des champs, sa compagne et son nid,
S'élance avec ardeur aux barreaux de la cage,
Tellement qu'elle en meurt. Ah! mon Dieu, quel dommage!
Dit Rosine, à l'aurore et quand le jour finit
J'aurais ouï son doux ramage!
Pauvre petit oiseau! j'aurais mis tous mes soins
A satisfaire ses besoins;
Il n'aurait craint ici le vautour ni l'orfraie:
Qu'ont les petits oiseaux au fond d'une oseraie?
Quels biens donc, quels plaisirs, quelle félicité?
— Rosine, dit quelqu'un, ils ont la liberté.

L'ABEILLE ET LE SERPENT.

Parmi les fleurs et la verdure,
L'abeille et le serpent hideux

Cherchent la sève la plus pure,
Et s'en nourrissent tous les deux.

Mais opposés par leur génie,
Vivant sur les mêmes gazons,
L'une les change en ambroisie
Et l'autre les change en poisons.

De la plante la plus amère
L'abeille sait tirer du miel;
Dans l'herbe la plus salutaire
Le serpent puise un suc mortel.

En quelque lieu qu'il se repose,
On voit le feuillage mourir;
Elle vole de rose en rose,
De lis en lis, sans les flétrir.

Elle boit les pleurs de l'aurore,
Sans en ternir la pureté;
L'onde pâlit, se décolore,
Quand le reptile en a goûté.

De sa caverne insidieuse
Il menace tous les vivants;
Dans sa cellule studieuse,
Elle est l'exemple des savants.

Entendez l'essaim qui murmure,
C'est la voix d'un peuple innocent;
Du serpent la famille obscure
Siffle : c'est le cri du méchant.

La douce abeille qu'on irrite
Punit d'ingrats persécuteurs;
L'affreux serpent qu'on ressuscite
Assassine ses bienfaiteurs.

O sage, qui prêtez l'oreille
A ce contraste si frappant,
Gardez-vous d'irriter l'abeille,
Ou de caresser le serpent.

LE LEVER DU PETIT ENFANT.

Mère, écarte ce rideau,
Mon sommeil s'achève;
Du jour le divin flambeau
Vers le ciel se lève.
Qu'il est beau le beau soleil!
Comme il brille à son réveil!

Je suis heureux avec toi,
Ma mère, et je t'aime;
Et je t'aime, vois-tu, moi,
Bien plus que moi-même.
Tiens, je me pends à ton cou;
Mère, embrasse ton bijou.

Aujourd'hui tu me fais beau:
J'ai ma collerette,
Mes brodequins, mon chapeau
Avec son aigrette;
Tu m'as mis, comme aux grands jours,
Mon paletot de velours.

Du pain, du lait, des joujoux!
Que ma mère est bonne !
Oh ! n'en soyez pas jaloux,
Mes amis, j'en donne !
Je voudrais que tout enfant
En eût chaque jour autant!

LE BON DIEU DU PETIT ENFANT.

Sais-tu celui qui dans la plaine
Nourrit le petit lapin blanc?
Qui fait une robe de laine
Au beau petit agneau tremblant?
Celui qui de plumes légères
Habille l'oiseau qui grandit,
Et lui donne des petits frères
Pour qu'il n'ait pas froid dans son nid?

Sais-tu celui qui sur la terre
Fait venir de si belles fleurs,
Et qui leur donne sa lumière
Avec de si vives couleurs?
Celui qui suspend à la branche
Le fruit, objet de ton désir?
Qui jusqu'à tes lèvres se penche
Pour t'inviter à le choisir?

Sais-tu celui que les étoiles
Regardent pendant ton sommeil?
Qui du matin blanchit les voiles
Pour le lever au beau soleil?

Celui par qui le pauvre espère,
Celui qu'on doit aimer toujours,
Et qui fait aux soins de ton père
Trouver ton pain de tous les jours?

Enfant, si tu veux le connaître,
Sois sage et bien obéissant;
Car à la fois il est ton maître
Et ton ami compatissant.
Tu sais déjà comme on le prie,
Ta bouche voudrait le nommer;
Mais de ta mère si chérie
L'amour seul t'apprend à l'aimer.

Quand tu seras grand, mon bel ange,
Si l'on te dit qu'il est méchant,
Que de nos erreurs il se venge,
Et qu'il tourmente son enfant,
Tu diras: le Dieu de ma mère
N'a pour moi ni tourments ni feu;
Je vois bien qu'il est un bon père
Puisqu'on le nomme le *bon Dieu*.

www.ingramcontent.com/pod-product-compliance
Ingram Content Group UK Ltd.
Pitfield, Milton Keynes, MK11 3LW, UK
UKHW020508230726
13925UKWH00005B/2109

9 782014 044225